27

n. 11042.

ABRÉGÉ

DE

LA VIE DE LA TRÈS-HONORÉE MÈRE

ANNE-MARIE DE LAGE DE PUY-LAURENS

1re SUPÉRIEURE ET FONDATRICE

DU MONASTÈRE DE LA VISITATION SAINTE-MARIE

DE POITIERS.

POITIERS

IMPRIMERIE DE HENRI OUDIN,

rue de l'Eperon, 4.

1853

AVANT-PROPOS.

La divine Providence m'ayant chargée, en 1847, de la conduite de cette Communauté de la Visitation Sainte-Marie de Poitiers, un de mes premiers soins en y arrivant fut de m'instruire à fond de tout ce qui concernait l'établissement de ce Monastère ; ce que je fis avec une application d'autant plus grande, que j'avais eu précédemment connaissance d'une note diffamatoire sur les deux premières Supérieures de cette Maison. J'étais désireuse de connaître des détails que nécessairement je devais trouver ici, du moins en partie. Je fus d'abord fort étonnée d'apprendre que la tradition, très-complète dans une Communauté qui n'a jamais été entièrement disséminée même pendant la révolution, n'avait transmis que les souvenirs les plus édifiants de la conduite des Fondatrices et des premières Sœurs de la Maison. Mais l'admiration surpassa ma surprise, quand j'eus à ma disposition les archives de ce Monastère, et que je pus voir l'ordre parfait établi sur tous les livres conventuels par la Mère de Lâge, lire l'histoire si édifiante de la fondation, et les vies de cinquante sujets formés à la vertu par cette digne Mère, toutes empreintes du cachet spécial de l'esprit primitif de l'Institut. Je fus encore bien plus confirmée dans ces sentiments, quand je pus joindre à tant de témoignages de la vertu et de la régularité de la Mère de Lâge, tous ceux qui se trouvent dans sa vie et dans les lettres de notre bienheureuse Mère, dont il m'a été donné de baiser les précieux manuscrits ; et je ne pus refuser le tribut de ma vénération à des Religieuses si dignes des premiers temps de notre saint Ordre, ni me lasser de répéter à nos chères Sœurs : Vous êtes véritablement les enfants des Saints. Dès ce moment, ma conscience me pressa de réhabiliter la mémoire de ces vénérables Sœurs, flétrie encore dans quelques-uns de nos Monastères. Je compris cependant qu'une impression, quelque fondée qu'elle soit, ne peut se communiquer que par les causes qui l'ont produite ; et, dans l'impossibilité où je me trouve de donner à l'Institut les annales complètes de ce Monastère qui seraient toutes à la louange de sa digne Fondatrice, j'ai cru atteindre suffisamment mon but, en joignant aux lettres de notre sainte Mère la vie de la T.-H. Mère Anne-Marie de Lâge de Puylaurens, avec un petit éclaircissement sur les calomnies dont elle fut atteinte.

Je serai deux fois heureuse, si je puis être agréable à l'Institut, en lui offrant un nouveau sujet d'édification puisé dans son propre sein, et donner à la chère famille de Poitiers, qui est devenue la mienne, une marque de l'estime et de la dilection maternelle que je lui ai vouées pour toujours.

Sœur MARIE DE CHANTAL DELAPIERRE,
Supérieure de la Visitation Sainte-Marie.

DIEU SOIT BÉNI.

ABRÉGÉ

DES VERTUS DE NOTRE TRÈS-HONORÉE ET PRÉCIEUSE MÈRE

ANNE-MARIE DE LAGE DE PUY-LAURENS.

Le dernier jour d'août de l'année 1663 , est décédée, dans ce monastère, notre très-honorée et très-précieuse Mère Anne-Marie de Lage de Puy-Laurens, première Supérieure de cette maison où elle fut envoyée pour en faire la fondation, par l'ordre de notre B. H. Mère de Chantal, l'an 1633, de notre cher monastère de Bourges, dont elle était professe et Supérieure , sur la fin de son second triennal. On verra , dans l'histoire de sa vie, les hautes alliances d'où elle est sortie, où l'on pourra compter plusieurs Cardinaux, Ducs et Pairs, Ministres d'État et des cours souveraines, assez connus dans ce royaume. Il me suffit de dire qu'elle était l'aînée de six enfants dont Dieu bénit le mariage de M. et Mme de Puy-Laurens, ses père et mère. Elle ne fut pas plutôt née qu'elle devint la joie de ses parents. Elle n'était âgée que de 4 à 5 ans lorsque Mme de Rodes, sa grand'-mère du côté maternel, l'arracha d'entre leurs bras pour la former de sa main , à quoi cette aimable enfant correspondit avec tant d'agrément qu'elle ne faisait pas seulement ses délices, mais aussi l'admiration d'un chacun. Elle était parfaitement bien faite et accomplie de corps et d'esprit, et ses inclinations si bien tournées

qu'elle donnait, dans un âge si tendre, de grands pré-
jugés par la solidité, sagesse et jugement qui reluisaient en toute l'économie de ses actions enfantines,
qu'elle serait un jour quelque chose de grand.

Mme sa grand'mère la menait tous les hivers dans la
ville de Bourges, non-seulement pour y pratiquer la
piété, mais aussi pour lui faire prendre part aux divertissements des meilleures compagnies. D'abord elle les
aima, quoiqu'elle n'en revenait jamais qu'avec un certain dégoût et lassitude d'esprit, causés par les réflexions qu'elle faisait sur le peu de solidité qu'elle trouvait en ces choses, sentant bien qu'elle tendait à quelque
chose de plus grand. C'est ce qui lui fit mépriser certains avantages du monde, ce qu'une de mesdames ses
tantes remarquant, et tout ce que la nature et la grâce
avaient mis en elle, elle fit ce qu'elle put pour l'engager
à entrer chez les Révérendes Mères Carmélites qu'elle
avait appelées à Bourges, et dont elle se rendit fondatrice. Et bien que notre jeune demoiselle eût pour ces
Révérendes Mères toute l'estime et le respect imaginables, les considérant comme des saintes, les aimant
tendrement, elle ne sentit pas néanmoins que ce fût là
où Dieu la demandait.

Peu de temps après, en l'année 1648, notre bienheureuse Mère de Chantal étant venue pour faire la fondation de notre monastère de Bourges, Mme de Rodes,
dont la piété était remarquable, contracta incontinent
une alliance très-étroite avec cette bienheureuse Mère.
Dès que notre jeune demoiselle l'eût vue et nos chères
Sœurs, elle sentit, par des attraits intérieurs de son
cœur et par une grande correspondance, que c'était là

où Dieu la voulait ; et comme elle était fort sage , elle prit du temps pour mieux connaître l'inspiration. Elle roula ainsi le temps jusqu'au mois de janvier 1620 ; à cette époque , elle fut atteinte d'une très-grave petite vérole qui la réduisit à la dernière extrémité , pendant laquelle elle promit à Dieu que, s'il lui rendait la santé, elle se consacrerait entièrement à lui : incontinent elle revint en convalescence. Elle ne dit rien de son dessein à Messieurs ses proches à qui elle était fort chère : elle laissa donc couler un assez long temps pour se remettre, pendant lequel elle travailla à gagner Mme sa grand'-mère : ce fut ici où elle eut besoin d'une force et générosité toutes divines pour soutenir et vaincre la tendresse dont la nature et la grâce l'avaient liée à cette vertueuse dame , qui, après divers combats, plia et se rendit à la souveraine volonté de Dieu, et avec elle y entraîna M. son père et ses autres parents, et cette âme , victorieuse de tant de combats , en vint porter les trophées aux pieds du berceau de la très-sainte Vierge , entrant dans notre monastère de Bourges la veille de sa sainte Nativité, la même année , âgée de 17 ans et quelques jours. Elle fut reçue par notre très-précieuse Mère Anne-Marie Rosset, qui était alors Supérieure. Cette entrée donna tant de joie à notre bienheureuse Mère qu'elle en écrivit une longue lettre de sa main à la bonne dame de Rodes , non-seulement pour la consoler , mais aussi pour la congratuler d'avoir fait un si généreux sacrifice au Seigneur, en la personne de cette aimable fille qui était le cher Isaac de son cœur. Cette bienheureuse lui écrivit aussi à elle pour l'animer à correspondre , par sa fidélité , aux miséricordes de Dieu, lui prédisant qu'elle serait un jour une des fermes colonnes de notre saint Institut. Dès son entrée, on connut qu'elle avait ouï et incliné son cœur à la voix du père des lumières, oubliant entièrement, par un généreux mépris, toutes les façons du siècle, pour se réduire parfaitement aux manières humbles, simples et cordiales de l'Institut. Deux ou trois jours après son entrée, comme nos Sœurs asseyaient la lessive, elle monta sur le cuvier, la foulant avec les pieds, fit voir par cette première action le mépris qu'elle faisait d'elle-même, ce qui était facile à remarquer, la voyant continuellement, dans les temps que ses devoirs du noviciat lui laissaient de libres, s'employer aux actions les plus pénibles et basses du monastère, le balayant, portant de l'eau et du bois aux Sœurs de la cuisine, et faisant d'autres pratiques plus mortifiantes dont elle a toujours fait ses délices.

Elle s'appliqua et se forma avec tant de fidélité aux pratiques de l'Institut et direction intérieure, qu'on lui donna notre saint habit six semaines après son entrée. Lorsqu'elle se vit revêtue des livrées de Jésus-Christ, elle redoubla sa ferveur. On ne la voyait point sans ses règles ou les entretiens de notre bienheureux Père en mains pour en prendre l'esprit, à quoi elle a si bien réussi qu'on peut dire qu'il lui était naturel, non-seulement de spéculation, mais bien plus de pratique. Cette chère âme marchait ainsi à pas de géant en la voie de la perfection, quand elle fut comme arrêtée par une grande maladie qu'elle eut pendant son noviciat. Elle s'y comporta avec tant de soumission, d'indifférence, de démission et de vertu qui édifièrent merveilleusement la Communauté, qu'elle fut reçue unanimement à la sainte profession : elle la fit au bout de son temps dans des dispositions très-saintes. Dieu lui donna de grandes lumières dans sa solitude, tant sur l'excellence de son sacrifice que sur l'esprit de sainteté enclos dans notre sainte vocation, ce qui lui faisait dire que notre bienheureux Père, parmi sa douceur, a conservé dans notre Congrégation tout ce qu'il y a de plus saint et de plus fort dans les plus saints Ordres de l'Église. Elle n'était pas attirée par les douceurs d'une dévotion tendre, mais bien de la généreuse et forte dont parle notre saint Fondateur, et qui était son grand attrait. Lorsque dans la cérémonie de sa profession on lui mit la croix au cou, elle eut de grands sentiments et clartés intérieures qu'elle serait une victime immolée à la croix, à quoi elle acquiesça par une humble adhérence, s'abandonnant au divin bon plaisir, le recherchant en toute chose.

L'année seconde de son noviciat ne fut pas plutôt expirée qu'elle s'en vit dehors, et quelques mois après on lui en confia le soin, par l'ordre de notre bienheureuse Mère, ce à quoi elle se soumit, malgré les répugnances de sa partie inférieure. Cette humble directrice, se voyant maîtresse de ses compagnes, traitait avec elles avec tant de support et de rabaissement, qu'elle les mettait dans leur devoir par ses exemples ainsi que par ses paroles animées de charité ; ma très-honorée Sœur la Supérieure de Bourges qui, dans ce temps-là, eut le bien d'être sous sa conduite, nous a écrit avoir toujours remarqué en elle, tant qu'elle a été sa Maîtresse, Assistante et Supérieure, une fermeté si grande à conserver l'esprit de notre bienheureux Père et de nos saintes Observances, qu'elle se serait fait crucifier, s'il faut ainsi dire, pour cela ; aussi les médisances qu'on a faites contre elle n'ont su, dit-elle, prendre de fondement dans mon esprit, l'ayant trop connue dès ses commencements.

Il est impossible de craindre la ruine d'une maison quand on sait la profondeur et la solidité de ses fondements. Ceux de notre chère Mère étaient trop remplis de pierres solides de vraie religiosité pour n'être pas inébranlables ; aussi les saints documents et éclaircissements qu'elle donnait sur la vie spirituelle, sur nos saintes Règles et Observances, étaient si succincts, clairs et aisés à comprendre, qu'elle laissait les esprits sans difficulté, et j'espère en la bonté de mon Dieu ne les oublier jamais. Nous aurions, poursuit la même, mille choses à dire des vertus de cette digne Mère, qui, je sais, en a pratiqué de très-grands actes, étant fervente sans mollesse, et la plus ferme en bien qui se puisse voir : cette ferveur lui faisait remporter de saintes victoires, ce que l'on put connaître lorsqu'à deux différentes fois des malades ayant vomi après la réception du divin Sacrement, cette chère Mère, amoureuse de son Dieu, alla, sans faire semblant de rien, avaler ce que les Sœurs avaient vomi. Son humilité s'est fait voir en plusieurs actes, mais tout particulièrement lorsque Messieurs ses père et frère lui avaient obtenu une abbaye étant jeune professe, elle ne voulut jamais consentir à l'accepter ni même qu'on lui en reparlât. Il faut remarquer que ce fut en un temps où les intentions de notre bienheureux Père ne nous avaient pas encore été déclarées sur ce sujet, comme elles l'ont été depuis par notre bienheureuse Mère, laquelle ayant su ce refus en écrivit à feu notre vertueuse Sœur Françoise-Gabrielle Bailly, qui était alors sa Supérieure, une lettre pleine de mille congratulations et louanges qu'elle donnait à cette chère Sœur d'avoir eu tant de fermeté à mépriser ce que ces bons Messieurs lui présentaient.

L'Humilité ayant pour compagne la sainte Pauvreté, nous lui en avons toujours vu faire grande estime et prendre également tout ce qu'on lui donnait, et faisait grand scrupule des moindres fautes contre cette sainte vertu, ne voulant recevoir aucune particularité, quoiqu'elle fut de complexion fort délicate; dès son entrée en religion, elle se réduisit au train commun. Voilà ce que nous a mandé la chère Mère de Bourges et que nous rapportons d'autant plus volontiers que nous avons été témoin d'une partie de ces choses comme je l'ai été de ce que je vais poursuivre. Cette précieuse défunte n'a pas seulement demeuré dans ces saintes dispositions, mais étant de ces âmes rares qui ne s'arrêtent point, elle les a fait croître comme l'aube du jour : c'est ce qui fit que notre bienheureuse Mère, qui la connaissait à fond et qui ne se trompait point dans son discernement, jugea à propos qu'on joignit à la charge de Directrice qu'elle avait déjà celle d'Assistante de la Communauté. Elle reçut cette surcharge avec une peine extrême que la seule vue de l'obéissance lui fit embrasser. On vit reluire en ces deux emplois le zèle qui brûlait son digne cœur, se tenant en toute chose humble, généreuse et dans une exactitude merveilleuse, jusqu'aux plus minces pratiques et Observances, ce qui faisait juger tant le dehors que le dedans qu'elle serait, ce qu'elle a toujours été, un des bons piliers de l'Institut et une excellente Supérieure.

Après qu'elle eût donné des preuves de sa vertu dans ces deux emplois, on la fit passer successivement dans tous les autres ; le bas et le haut lui étaient tout un, son égalité faisait bien voir que Dieu lui était toute chose. Cependant les deux triennaux de feu notre chère Mère Françoise-Gabrielle Bailly expirant, la Communauté souhaitait ardemment la pouvoir élire : comme elle n'avait que 24 à 25 ans on s'adressa à notre bienheureuse Mère qui, connaissant les grands et rares talents qu'avait cette aimable Sœur pour la conduite des âmes, laquelle lui ayant ouvert son cœur à plusieurs fois qu'elle avait passé à Bourges, lui en avait fait connaître tous les mouvements, elle répondit de sa bénite main à feu notre chère Mère Françoise-Gabrielle Bailly que notre Sœur Anne-Marie de Lage était très-capable d'être Supérieure, qu'il ne lui manquait que l'âge, mais que Monseigneur l'Archevêque l'en pouvait dispenser dans la nécessité (ce sont ses propres paroles) : ce que ce bon Seigneur fit avec non moins de joie que d'estime pour sa vertu : il vint lui-même recevoir l'élection qui fut heureusement faite de sa chère personne, avec la satisfaction universelle du dedans et du dehors. Notre bienheureuse Mère en témoigna elle-même sa joie huit ou dix jours après qu'elle passa par Bourges, espérant de grandes bénédictions du Ciel sur sa sage et digne conduite. L'événement fit bientôt connaître qu'elle ne s'était pas trompée. Le premier chapitre qu'elle tint, après son élection, elle était dans un si grand rabaissement et humilité qu'elle ordonna à toutes les Sœurs de lui venir dire ses imperfections, ce que chacune fit tout bas avec grande mortification.

Environ deux ou trois mois après, la peste, et la famine qui la suit, ayant affligé la ville de Bourges, cette charitable Mère prit un soin particulier de pourvoir avec diligence la maison de toutes les choses nécessaires, tant pour le vivre que pour le préservatif de ce mal. Sa charité ne se bornait pas au dedans, elle faisait faire toutes les semaines de bonnes aumônes aux misérables qui mouraient de faim, et aux malades réchappés qui faisaient leur quarantaine.

Une de nos Sœurs tourières étant tombée malade, sans nulle apparence de ce mal, elle la fit mettre à l'infirmerie, la visitait et servait plusieurs fois le jour, selon sa coutume : deux ou trois jours après, la peste lui parut : cette charitable Mère, sans s'étonner, fit préparer le mieux qu'elle put le petit logis qu'elle avait fait faire au bout du jardin, l'y fit transporter, y assistant elle-même, encourageant cette pauvre fille et les Sœurs qui lui avaient rendu service, donnant ordre pour toutes les choses qui lui étaient nécessaires, et lui fit recevoir ses derniers sacrements. Elle avait ordonné à la Sœur qui s'enferma avec elle pour la servir de l'avertir de temps en temps pendant la nuit de la disposition de la malade. Elle préparait elle-même les potions, remèdes et autres choses requises pour son soulagement et sa nourriture, ce que Dieu bénit en telle sorte qu'elle revint en santé, contre toute apparence humaine, et aucune ne fut atteinte de ce mal.

Les bénédictions que la divine Providence répandit sur les prémices de sa sainte conduite furent le présage de celles dont elle a été comblée dans la suite, lesquelles, par son canal, se sont toujours répandues sur cette Communauté. Notre Mère était humble, droite, sincère, ennemie de toute duplicité et finesse, douce, généreuse, forte et zélée pour l'observance et intentions de nos saints Fondateurs, s'y attachant jusqu'aux moindres pratiques et y portant celles qui étaient sous son aimable conduite, dans une amoureuse simplicité, éloignée de toute recherche et éclat : enfin on peut dire qu'elle possédait avec éminence, dès son commencement, toutes les qualités d'une ancienne et consommée Supérieure, et qu'elle a toujours été en augmentant par sa fidélité à Dieu et à l'Institut. Notre bienheureuse Mère rendit ce beau témoignage en présence de plusieurs Mères qui étaient assemblées pour le bien de notre saint Ordre, qu'il n'y avait pas dans tout l'Institut trois Supérieures qui eussent plus l'esprit de notre bienheureux Père que cette chère Mère pour laquelle elle avait une estime et tendresse particulière. Elle, de sa part, fit paraître la vénération, soumission et obéissance aveugle qu'elle avait pour cette bienheureuse Mère en l'exécution de ses intentions dans l'établissement de cette maison de Poitiers qu'elle avait plusieurs fois refusé de faire, son second triennal n'étant pas achevé à Bourges, et étant invincible en ce qui regardre l'observance. Feu Monseigneur de Chataigner qui en était Évêque, voyant que Mademoiselle sa Sœur s'y voulait retirer en qualité de fondatrice, s'attacha si absolument à avoir sa précieuse personne à laquelle il était allié, qu'il résolut de ne plus songer à l'établissement s'il ne pouvait l'avoir ; ce qu'ayant su, Monseigneur l'Évêque de Châlons, qui connaissait de

longue main les rares qualités de cette incomparable
Mère, lui conseilla de ne se plus adresser à elle, mais
à notre bienheureuse Mère de Chantal ; et se joignant à
lui, ces deux grands Prélats lui écrivirent avec des
raisons si fortes et si pressantes, qu'elle leur accorda
leur demande : ce qu'ayant su, cette chère Mère, elle se
soumit, malgré ses répugnances et la peine de quitter
ses chères Filles qu'elle portait tendrement dans son
sein maternel.

Ce fut en ce temps-là qu'il lui fut montré en esprit
trois grandes et lourdes croix à la vue desquelles sa
partie inférieure frémit, mais son cœur généreux la
fit avancer, et se prosternant à leurs pieds, elle les accepta de la main de Dieu qui les lui présentait. Elle se
disposa donc toute joyeuse pour faire et souffrir tout ce
que son Dieu demandait d'elle, se confiant en son divin
bon plaisir. Elle se démit de sa charge de Supérieure et
fit faire l'élection d'une autre à sa place qui fut feu
notre très-honorée Sœur Françoise Gasparde de la Grave,
mit ordre au voyage de sa fondation avec tant de douceur, de désintéressement et de bonté, qu'elle faisait
fondre le cœur de toutes ses filles et de tous ceux qui
lui venaient dire adieu, faisant paraître une égalité et
indifférence accompagnée de reconnaissance de ce qu'elle
devait à un chacun, surtout à Messieurs ses proches,
laissant si à propos agir les tendres sentiments qu'elle
devait à leur amitié, auxquels elle faisait si doucement
et fortement succéder ceux de la grâce, qu'ils se reti-
raient d'auprès d'elle également satisfaits et pleins
d'admiration de sa haute vertu. Ce fut le 13 octobre
1633, qu'elle se sépara de corps seulement avec sa petite

troupe de son aimable Communauté de Bourges, après avoir rendu un compte exact de l'état de la maison à celle qu'elle laissait en sa place. Elle donna des preuves de sa généreuse vertu dans le célèbre Monastère de l'Annonciade de la même ville de Bourges, où elle séjourna un jour pour la satisfaction d'une de Mesdames ses Sœurs, de Mesdames ses tantes et autres parentes qui y étaient religieuses et qui la chérissaient fort. De là, elle s'achemina en cette ville où elle ne fût pas plutôt qu'elle commença de goûter des fruits des croix qui lui avaient été montrées par les difficultés qui se formèrent sur cet établissement, pendant trois semaines. Elle les porta avec sa douceur, paix et force d'esprit ordinaires. Elle passa cette bourrasque en l'Abbaye de Ste-Croix de cette ville où feu la bonne princesse Madame de Nasseau qui en était Abbesse, et toutes ces Révérendes Mères en conçurent tant d'estime, qu'elles firent avec elle une liaison de cœur très-étroite, et en se séparant une sainte et parfaite union de toutes leurs bonnes œuvres avec elle et sa petite Communauté, qu'elles ne se pouvaient lasser de dire heureuse d'être sous une si digne Supérieure.

Notre Mère fit paraître la sagesse de sa conduite dans ces commencements surtout où cette Communauté était dépourvue de tout secours humain, faisant ce qu'elle pouvait pour subvenir à ses nécessités les plus pressantes, se privant même du nécessaire pour l'accommoder. On la voyait aller, avec une sainte allégresse, chercher dans le jardin quelques paniers de roses pour faire vendre, et du prix substenter sa petite troupe, élevant son cœur et celui de ses Filles par une amoureuse con-

fiance en la céleste Providence, dans les fréquentes di-
settes qui leur arrivaient et qu'elles prenaient un grand
soin de cacher. Nous laissons sous silence les divers
besoins auxquels la Communauté était réduite : nous
avouerons néanmoins que pendant plusieurs années ,
le matin , on ne savait si l'on pourrait avoir du pain
pour le dîner. Notre précieuse Mère étant dans un tel
dégagement qu'elle ne voulut point exposer nos nécessités : plusieurs personnes de considération lui avaient
offert leur bourse à différentes fois , Monseigneur de
Poitiers même avait donné ordre à ses officiers que
nous ne manquassions de rien ; mais cette chère Mère,
suivant l'exemple de notre bienheureuse Mère en la fondation de notre Monastère de Bourges, ne voulut jamais
s'en prévaloir. Elle et ses Filles souffraient avec une
patience et vertu sans égales, se trouvant très-heureuses,
disaient-elles , de participer , dès le commencement de
notre établissement, à la pauvreté de Jésus naissant :
aussi notre digne Mère avait eu dessein dans notre fondation d'honorer la Sainte Famille , ne nous désirant
pour toute richesse que la pauvreté de la crèche jointe
aux aimables commodités de Nazareth. Il semble que
ses souhaits aient été exaucés , nous voyant toujours
dans cet état que nous estimons beaucoup plus que
toutes les richesses du monde. Un jour que cette chère
Mère ne savait plus que faire, pressée d'une grande nécessité, je la trouvai cachée dans un coin du jardin, fort
recueillie en Dieu, tenant en sa main un lys qu'elle con-
sidérait très-attentivement , et lui ayant demandé ce
qu'elle faisait là , elle me dit : ma Sœur , je considère et
admire la magnifique parure dont la céleste Providence,

que j'adore, a revêtu cette fleur de laquelle l'exemple
nous sera un jour de grande confusion. Ainsi était cette
grande âme sous le soin amoureux de cette divine Providence qui ne lui a jamais manqué. Ce fut en ce temps-
là que pour la seconde fois M. le duc de Puy-Laurens,
son unique frère, lui présenta une des plus riches et
premières Abbayes de France, avec toutes les tendres-
ses et instances desquelles son cœur était capable et se
put aviser pour l'obliger à l'accepter. Elle lui fit un
refus si humble et si absolu que ce bon seigneur n'osa
plus lui en parler lui-même, mais il employa en vain
toutes les personnes qu'il crut y pouvoir réussir. Cette
humble Mère ayant appris qu'il avait résolu d'employer
les souveraines puissances de l'Église et de la terre pour
lui faire commandement d'accepter, en fut dans un tour-
ment inexprimable, et on peut dire qu'après le regard
de la divine volonté, rien n'a été capable de lui adou-
cir la mort de ce cher Frère, que de se voir par elle
délivrée des combats qu'il lui fallait souvent soutenir
pour de semblables choses.

C'était une chose merveilleuse de voir cette incomparable Mère dans une attention si exacte et si ponctuelle
à la pratique de toutes les vertus, ayant l'esprit présent à
toute chose, sa charité ardente la faisant employer à
tout : elle aurait voulu porter toute la charge de la
maison, s'il lui eut été possible, se trouvant à la tête
des travaux les plus pénibles, comme de porter et
serrer le bois, tirer de l'eau pour les lessives, écurer
et autres choses. Elle montrait en toute occurrence aux
Sœurs ce qu'elles ne savaient pas faire : mais où son
zèle s'est le plus fait connaître, ç'a été au service des

malades , en étant la principale infirmière. Elle leur rendait les services les plus bas et les plus humiliants , non en passant, mais elle s'y assujettissait tant que leurs maux duraient, ce qu'elle faisait avec tant de vraie bonté, et elle charmait si fort le cœur , qu'on ne pouvait avoir confiance qu'en elle. Elle préparait elle-même les drogues, médicaments, même les choses requises pour la nourriture des pauvres malades , et d'un si bon cœur , qu'elles recevaient plus de soulagement , étant faits et reçus de ses mains charitables , que des remèdes mêmes. Elle montrait aux Sœurs domestiques comme il fallait accommoder les petits apprêts que le médecin ordonnait, disant de fort bonne grâce et du meilleur de son cœur qu'elle ne savait pas pourquoi on ne l'avait pas mise de ce rang, qu'il lui semblait qu'elle s'acquitterait si bien de leurs travaux, et s'estimerait heureuse de ne se mêler de rien. Elle avait demandé avant sa profession d'être du voile blanc, mais on ne la voulut point écouter , ce qui ne lui en avait pas ôté du cœur l'affection. Sa charité toujours agissante ne se bornait pas au dedans; il n'y avait aucun misérable et affligé qui ne trouvât auprès d'elle un asile ou du soulagement. Elle a souvent , et plusieurs mois de suite, fait subsister de pauvres familles honteuses ou étrangères , et presque toujours quelques écoliers d'Hibernie chassés de leur patrie pour notre sainte foi , comme aussi elle a secouru et fait panser de misérables chancreux et autres, fournissant ce qui leur était nécessaire ; et ne les pouvant panser elle-même , elle les faisait venir de fois à autre pour le voir faire en sa présence , leur faisant sentir les effets de sa charité jusque dans le tombeau, en leur procurant des prières pour le repos de leur âme.

Une fille de bonne condition lui fut donnée pour être religieuse ; après son entrée, on connut qu'elle avait une maladie qui, d'après nos saintes règles, aurait dû nous empêcher de la recevoir. Les accidents de ce mal lui ayant pris fort fréquemment, elle demeura malade assez longtemps : notre charitable Mère s'apercevant que les Sœurs en avaient de la frayeur, elle en prit tous les soins imaginables, la visitant plusieurs fois le jour, la consolant et servant ; et la voyant dans un état pitoyable, sa charité, qui savait tout vaincre, aussi bien que tout supporter, la porta à s'enfermer un jour seule avec cette fille ; elle se mit à la laver et nettoyer sa tête qui faisait horreur, coupa ses cheveux, les brûla sans permettre qu'on s'en approchât, et enfin, pour récompense, Mme sa mère et une sienne tante, piquées de ce qu'on la leur rendait, lui dirent, venant quérir cette pauvre fille, mille choses injurieuses et piquantes, plus d'une heure et demie durant et avec un tel emportement qu'on les entendait de dehors aussi bien que de toute la maison : ce qu'elle écouta avec sa douceur, humilité et tranquillité ordinaires, et même avec joie. Cette incomparable Mère ne voulut jamais permettre aux Sœurs qui étaient présentes de leur parler, ni même après qu'on lui en parlât. Elle a essuyé plusieurs bourrasques de cette nature, et après des bienfaits plus grands que ceux que je viens de rapporter, desquels on n'aura pas moins d'admiration que d'étonnement, lorsqu'ils seront mis au jour dans une relation plus ample de sa sainte vie, avec une très-grande grâce et miracle que notre saint fondateur a fait en elle, et qu'il serait trop long de rapporter ici où l'on doit observer la briéveté (1). Sa confiance et tendresse pour ce saint Père de nos âmes étaient vraiment filiales, et si son pouvoir eût secondé son affection, il n'y a rien qu'elle n'eût fait pour avancer la manifestation de sa gloire, donnant des larmes de joie et de dévotion quand elle apprenait les merveilles que Dieu opérait par son intercession.

Une fois, on demanda en confiance à cette chère

(1) Il est rapporté, dans l'histoire de la fondation de notre monastère de Poitiers, que, peu après son établissement, notre Mère Anne-Marie de Lage de Puy-Laurens fut atteinte d'épilepsie, bien qu'elle n'eût jamais éprouvé les moindres symptômes de ce mal. Alors elle se rappela qu'étant à Bourges, elle avait reçu de l'argent pour faire dire des messes et faire faire des neuvaines, afin d'obtenir, par l'intercession de notre B. H. Père, la guérison d'une dame affligée de ce même mal. Elle s'empressa donc d'acquitter ses engagements. Des messes furent dites à Annecy au tombeau de notre saint fondateur ; notre sainte Mère fit une neuvaine de communion à cette intention, elle en parle même dans la lettre 23e du recueil ci-joint ; puis, notre chère Mère et sa communauté adressèrent à Dieu des prières si ferventes qu'elles méritèrent d'être exaucées au-delà de leur espérance.

Un soir, au commencement de matines, notre saint fondateur apparut tout à coup dans la chambre de notre chère malade, lui parla et la guérit si parfaitement que jamais depuis elle n'a éprouvé les plus légers indices de ce fâcheux mal. Ce bienheureux Père laissa sa cellule embaumée d'un parfum céleste que peu après ressentit toute la communauté. Notre Sœur Marie-Suzanne Lescalopier disait, longtemps après, toute pénétrée encore de cette précieuse faveur, que quand il n'y aurait dans la bienheureuse éternité que le seul sens de l'odorat qui dût être rempli de délices, cette satisfaction est telle, qu'il n'y a rien au monde qu'on ne dût être disposé à faire et souffrir pour la mériter. (Ce sont ses propres expressions.)

Mère ce qu'elle faisait dans les rencontres fâcheuses et piquantes , telles que celles que nous avons rapportées. Elle dit tout simplement : Je me mets intérieurement à prier Dieu et à les lui offrir , car ces pauvres esprits souffrent beaucoup et me font grand'pitié. Dieu lui avait donné une adresse et un don tout particulier pour le saint support, n'épargnant ni ses peines ni son temps, passant volontiers les nuits pour consoler les âmes dans leur besoin, n'ayant rien de cher pour cela , d'où l'on voit que son support n'était pas moindre pour les esprits que pour les corps , mais incomparablement plus grand encore. Cette précieuse Mère avait un cœur tout royal qui ne lui faisait envisager que Dieu en toutes choses , et le bien des âmes qui s'adressaient à elle. C'est ce qui lui a fait recevoir plusieurs filles sans dot, avec les seules bonnes dispositions qu'elle remarquait en elles, disant que la céleste Providence ne nous manquerait jamais pour cela. Quant à celles qui avaient des moyens, elle traitait si généreusement et avec tant de bonté, qu'on voyait clairement qu'elle avait peine de refuser et demander autre chose que ce qu'on lui présentait. Elle disait ingénument qu'elle ne pouvait ni savait marchander les filles , ajoutant agréablement que tant qu'elle serait supérieure nous ne serions que des gueuses , et se réjouissait de voir que notre nombre était presque rempli.

Elle avait eu dessein , en l'établissement de cette maison , d'honorer la sainte famille de Nazareth, Jésus, Marie , Joseph ; aussi avait-elle tout son recours à eux, se remettant de tout à leur soin, même pour le moment de sa mort, disant à cette intention , depuis plusieurs années, un rosaire qu'elle avait composé à leur honneur, et portait une image de la sainte famille sur son cœur.

Son amour et son respect pour le très-saint-sacrement étaient très-grands, se tenant assidûment, autant que ses occupations le lui permettaient, en sa divine présence, lorsqu'il était exposé sur l'autel. L'amour qu'elle portait à son Dieu, dans cet état d'anéantissement, lui a fait faire des pratiques héroïques que nous avons déjà rapportées en parlant de sa mortification. Son zèle pour le culte divin était très-grand, comme il est aisé de remarquer : une faute s'étant faite à l'office, quoiqu'elle fût incommodée, elle se fit conduire sur l'heure à la communauté pour en faire la correction ; ce qu'elle faisait pour toutes les choses où il était requis de la faire, soit en particulier ou en général, avec tant de douceur et de force, qu'on ne savait lequel admirer le plus des deux. Une autre fois, commençant d'être atteinte de sa dernière maladie, ayant su qu'il s'était fait, par mégarde, une faute notable à l'office divin, le feu qui brûlait son digne cœur la porta de se faire plutôt traîner que conduire, le repas suivant, au réfectoire, pour en faire satisfaction et en demander pardon à Dieu pour la communauté, pendant qu'on était à table. Sa dévotion portait éminemment tous les caractères que notre bienheureux Père désire de nous ; jamais il ne fut rien de plus humble ; sa confiance en Dieu était sans borne : on a vu cette humble Mère, dans les nécessités de la maison, mener la communauté devant le saint-sacrement, demander avec foi et simplicité le pain quotidien au Père céleste, et jamais il n'a permis qu'elle n'ait remporté l'effet de sa sainte confiance, ce qui faisait dire à ceux qui la connaissaient, que c'était sa grande foi qui lui faisait obtenir les choses contre toute apparence humaine ; et, bien qu'elle eût naturellement un des bons et grands jugements qui se puissent connaître, tel que notre bienheureuse Mère en a plusieurs fois rendu témoignage en différentes rencontres, comme nous l'a encore mandé ma Sœur la Supérieure de Bourges, si profond et solide pour toute chose, qu'en un instant elle voyait et pénétrait les suites bonnes ou fâcheuses des affaires qui se présentaient, elle ne s'y attachait ni appuyait nullement, ains s'en démettait avec une facilité et une douceur vraiment évangélique. Il n'y avait qu'en ce qui est de l'observance qu'elle était inflexible, ne connaissant plus personne quand il s'agissait de la maintenir. L'histoire de sa vie découvrira plusieurs exemples qu'il serait trop long de rapporter ici.

La prière était son asile dans les bonnes et mauvaises rencontres, et on peut dire qu'elle priait continuellement du cœur et agissait au dehors par charité, avec tant d'uniformité et de droiture, qu'on voyait clairement qu'elle était toute à Dieu et au prochain et rien à elle-même. Anéantie en Dieu, elle révérait ce qu'il faisait dans les autres et se croyait fort misérable, quoiqu'elle fût dans une très-haute et intime communication avec lui. C'était une âme vraiment forte et généreuse qui vivait de la foi, indépendante des goûts et lumières, se contentant de savoir que Dieu était le Dieu de son cœur. M. notre Confesseur a rendu ce témoignage après sa mort qu'il n'avait jamais vu d'âme qui allât si droit devant Dieu que cette digne Mère. Elle portait les âmes qu'elle conduisait à le servir dans ce désintéressement.

Les dernières années de sa vie, elle était dans une union de cœur et d'esprit avec sa divine majesté, si pure, si simple et si séparée d'elle-même, qu'il semblait presque que son âme ne tenait plus à la matière, ce qui faisait beaucoup pâtir sa partie inférieure et ses sens, ne pouvant pas même expliquer, par le langage de la terre, ce qui se passait entre Dieu et elle, non plus que par respect, on n'osait l'en enquérir à fond ; mais on voyait assez qu'elle était de ces âmes rares, qui, selon saint Denis, pâtissent les choses divines. La lecture de la sainte Écriture avec les écrits de notre bienheureux Père étaient le pain de sa force et duquel elle nourrissait son âme, après l'adorable sacrement de l'eucharistie. Son humilité et le soin qu'elle prenait de se cacher lui a fait supprimer plusieurs grâces qui se passaient en elle, et que nous ne verrons que dans la lumière de la gloire, n'ayant trouvé d'elle, après sa mort, qu'un papier écrit de sa main où elle marquait ce qu'elle croyait être en elle de mauvaises inclinations, et les fautes qu'elles lui avaient fait commettre, aimant extrêmement à connaître ses défauts et ce qui lui pouvait donner de la confusion. Elle recevait avec un rabaissement sans égal le mépris et censure qu'on faisait d'elle, disant avec joie : Il faut être à Dieu, et lui être fidèle parmi la bonne et diffame renommée. Ce n'est pas qu'elle voulût rien faire qui pût donner lieu à la calomnie et mauvais bruits dont on a voulu la noircir pendant plusieurs années, et desquels nous n'entreprenons pas de la justifiet ici (1). Dieu, en la protection de qui elle avait entiè-

(1) Voir à la fin pour les éclaircissements.

rement abandonné ses intérêts et la justification de son innocence, éclaircira toute chose, quand il lui plaira, et fera connaître que cette persécution , dont il a permis qu'elle ait été exercée si sensiblement , n'a servi qu'à la purifier et à relever davantage sa vertu qui en est devenue plus éclatante devant Dieu et les anges qu'elle n'a été obscurcie dans le jugement des hommes. Le saint usage qu'elle a fait de cette souffrance dont le poids ne peut être bien connu que de Dieu, suffit assez pour le persuader. Il est très-vrai qu'elle n'a jamais pris d'autre part dans les matières dont il s'agit, que de donner son estime à ce qu'elle connaissait être conforme à la pureté de la foi et aux sentiments de la sainte Église et vérités évangéliques auxquelles elle adhérait avec un singulier amour et respect sans jamais les vouloir pénétrer par des subtilités curieuses dont elle était entièrement éloignée, ne faisant état que de la simplicité de la foi en laquelle elle a toujours tâché d'élever les âmes qui ont eu le bonheur d'être sous sa conduite.

Cette vénérable Mère , si éclairée et consommée en la conduite des âmes, étant hors de charge , était devant sa Supérieure comme un enfant, et venait souvent se jeter à ses pieds, la priant à mains jointes de lui dire ses défauts et prendre soin de son âme, ajoutant avec un profond sentiment : Ma Mère, je n'ai rien de bon que le cœur qui veut bien être tout à Dieu, ce me semble ; aidez-moi donc , s'il vous plaît ; et demandait conduite avec tant d'humilité et de tendresse qu'on ne pouvait l'éconduire. Elle écoutait ce qu'on lui disait avec autant de soumission qu'aurait su faire une novice, faisant le même en tout ce qui était de l'obéissance et ordre des Supérieurs, jusqu'à leurs moindres intentions, et mettait, par son exemple, chacun dans son devoir, à quoi elle avait une adresse merveilleuse, comme aussi à faire doucement retourner à la Supérieure toute la confiance qu'on avait en elle. Elle était ennemie des congés généraux, et lorsqu'on lui en voulait donner, elle disait qu'elle ne serait point à son aise, si elle ne demandait les choses à mesure qu'elles se présentaient, ce à quoi elle était très-exacte. Lorsqu'elle croyait avoir failli ou contrevenu en quoi que ce fût aux intentions de sa Supérieure, elle venait s'en accuser avec tant de sincérité et de rabaissement, qu'elle ne donnait pas seulement de l'étonnement, mais aussi grande confusion. Elle disait ses coulpes et ce qu'elle croyait être défaut en elle, avec une généreuse franchise, en des termes simples et humbles, ce qu'elle observait soigneusement, en parlant des choses de Dieu, fuyant les termes singuliers, hauts et affectés, prenant les plus simples et communs.

Il y a quelques années, cette incomparable Mère nous disait souvent dans les peines et fatigues qu'elle prenait pour cette maison : Quand Dieu me voudra faire devenir sainte, il m'enverra quelque incommodité qui m'empêchera de marcher ; ce que nous avons vu n'avoir pas été dit fortuitement. Il y a quatre ou cinq ans, elle fit une chute qui ne lui rompit ni démit rien ; mais elle en demeura si incommodée, qu'elle ne pût plus marcher sans bâton, et même plus d'un an avant son saint trépas, sans l'aide d'une Sœur, encore ne pouvait-elle presque pas le faire ; elle embrassa cette croix avec joie, disant : Voilà le moyen de ne plus songer qu'à mon salut, et me préparer à bien mourir. La dernière fois qu'elle

fut élue, en 1661, elle dit le même jour, avec une grande
certitude, que c'était pour la dernière fois, et qu'elle
n'achèverait pas son triennal, ce qu'elle répéta en plusieurs rencontres. A mesure qu'elle approchait de sa
fin, elle s'appliquait, avec une attention merveilleuse,
à ce que les plus petites choses fussent observées exac-
tement au pied de la lettre, lisant attentivement tous
nos saints réglements, et priant les Sœurs de faire de
même, et l'avertir de ce qu'elles pourraient trouver qui
ne se ferait pas, son zèle allant toujours croissant.

L'hiver avant sa mort elle se trouva notablement incommodée et déchue, ce qui fit appréhender à M. notre
médecin que tombant dans une maladie on ne l'en pût
tirer. Elle ne laissa de jeûner le carême quoiqu'il n'en
fût d'avis. Une petite fièvre l'ayant prise, elle le rompit
trois ou quatre jours, puis le reprit et le continua jusqu'à la fin. Le jour de Pâques il lui survint un battement
de cœur qu'elle négligea et supporta plusieurs jours,
disant que ce n'était rien : comme il continua, on lui
fit des remèdes qui ne lui procurèrent aucun soulagement, à quoi l'oppression se joignit ; le mal allait toujours croissant et la réduisit dans un état si fâcheux
qu'elle ne pouvait prendre de repos ni nuit ni jour, et les
quatre derniers mois de sa vie elle les passa sans dormir
et n'eut d'autre posture que d'être droite en une chaise
sans pouvoir s'appuyer. Quoiqu'accablée de douleurs et
d'une si longue suite d'insomnie, elle ne témoignait
aucun ennui ni désir d'être autrement, répondant à
celles qui lui témoignaient de la compassion par quelques paroles d'abandon et d'adhérence à la céleste Providence.

Nous voyions tous les soirs cette incomparable Mère, non avec moins de douleur que d'admiration, tournée vers un tableau de la Sainte-Vierge, son crucifix en mains qui était son unique soulagement, joindre ses douleurs à celles de son Sauveur et faire un gracieux enclin de tête aux Sœurs qui étaient près d'elle, et congédier celles qui devaient prendre du repos, pendant que ses douleurs et son oppression, qui augmentaient la nuit avec beaucoup plus de force et de violence que le jour, la réduisaient à des extrémités si grandes que les médecins ont dit plusieurs fois que ce qu'elle souffrait est ce qu'il y a de plus rude et de plus violent à souffrir en la vie. La durée de son mal si cruel, auquel on ajoutait tous les jours des remèdes sans succès, aurait altéré toute autre vertu et patience que la sienne qui nous a toujours paru, et à ceux qui l'ont vue, un objet d'admiration ; MM. nos médecins ne pouvaient s'en taire, ni assez admirer en elle tant de souffrance et tant de vertu ; aussi venaient-ils plutôt la voir pour en être témoins et s'édifier que dans l'espérance de la guérir, ayant, dès l'abord, jugé son mal mortel. Ils disaient qu'il fallait que Dieu la soutînt miraculeusement pour la faire souffrir, qu'il n'était pas possible qu'elle pût si longtemps subsister et soutenir un mal si extrême ; lui voyant toujours un visage riant et satisfait, ils disaient, tout surpris : Voilà un des rares exemples qui se sont vus et se verront de longtemps, et s'adressant à nous ils ajoutaient : C'est un grand exemple pour vous et votre communauté. Elle était tellement abandonnée à leur conduite et leur rendait une obéissance si ponctuelle qu'elle n'eût rien fait ni laissé faire sans leur ordre. Son mal étant venu au point qu'on ne la pouvait plus transporter au chœur pour entendre la sainte Messe, les médecins lui dirent qu'elle l'entendrait spirituellement, ce qu'elle faisait avec tant d'application et si peu à elle-même, qu'elle se fût fait scrupule de se mouvoir ou divertir le moins du monde ; ce qu'ayant su, ils la prièrent de relâcher un peu de sa ferveur, ajoutant que ce qu'ils lui avaient permis était une simple condescendance et non un ordre. Comme elle était dans une chambre haute très-incommode, ces Messieurs lui proposèrent qu'on lui en fît ranger une autre plus conforme à sa position, la plaignant d'être si mal logée ; cette chère Mère ne le voulut pas permettre et répondit avec sa générosité ordinaire et en souriant : La Providence céleste savait bien que notre maison était ainsi et ne l'ignorait pas quand elle m'a envoyé mon mal.

Une Sœur lui ayant dit qu'il fallait faire une bonne provision de patience quand on était en santé, elle répondit : si on savait le tort qu'on se fait en ne se mortifiant pas, on ne perdrait pas tant d'occasions de le faire. On ne saurait dire les vertus qu'elle a pratiquées au souverain degré pendant sa maladie. On peut dire, avec vérité, qu'en 5 mois qu'elle a duré, on ne l'a jamais vue témoigner aucun ennui, chagrin, répugnance ou dégoût pour quoi que ce fût, regardant l'ordre de Dieu en toute chose, et recevant tout de sa main. Elle était dans le parfait abandon que conseille notre bien-heureux Père, ne demandant rien, ne refusant rien, prête à tout souffrir pour Dieu, si non qu'elle avait une sainte adresse pour nous faire croire qu'elle s'ac-

commodait mieux des viandes les plus grossières. Elle
était parfaitement reconnaissante des services qu'on lui
rendait, disant parfois dans un profond sentiment de
gratitude : la Reine ne saurait être mieux soignée que
je le suis, et d'autres fois : hélas ! vous me perdrez,
vous avez trop de soin de moi.

Environ six semaines avant sa mort, cette précieuse
Mère ayant demandé en confiance à M. notre apothi-
caire ce qu'il croyait de son mal ; comme il connaissait la force de sa vertu et de son esprit, il lui dit
que tout était à craindre et rien à espérer ; cette chère
malade sans s'étonner le pria, et nous aussi, de l'avertir de bonne heure pour ses derniers sacrements, puis
lui parla d'autre chose avec la même tranquillité que
devant. Après qu'il fut sorti, elle fit appeler ma Sœur
l'Assistante, lui commit entièrement tout le soin de
la maison, et se dépouillant de toute chose entre ses
mains, ne voulut plus penser qu'à Dieu, auquel elle
était si intimement unie qu'on ne la pouvait voir sans
être sensiblement touché de dévotion et de respect de
la présence de Dieu. Ses jambes devinrent si mons-
trueusement grosses qu'enfin elles crevèrent en divers
endroits, sans qu'elle en reçût aucun soulagement :
l'enflure de son côté gauche fit juger au médecin que
son mal était une hydropisie de rate.

Dès le commencement de sa maladie, nous eûmes recours à Dieu, par vœux, neuvaines, etc., tant à la sainte
Vierge qu'à notre bienheureux Père : toutes les maisons
religieuses de la ville joignirent leurs prières aux nôtres
avec grande bonté et charité, et nous pouvons dire que
la terre combattait contre le ciel pour nous conserver

cette unique et précieuse Mère ; mais en vain, nous n'étions pas dignes d'être exaucées. Une de nos Sœurs Novices, qui ne s'était pas trouvée à la dévotion que la Communauté faisait à notre bienheureux Père pour cette chère malade, alla à son oratoire, et demandant instamment sa guérison, entendit une voix intérieure fort distincte qui lui dit: *Nous la voulons pour nous.* Ce qui l'affligea si fort, qu'elle vint, tout effrayée, demander à sa Maîtresse permission de s'adresser à notre bienheureuse Mère, disant que peut-être elle l'écouterait mieux. Cette incomparable Mère qui connaissait l'abattement où nous étions toutes, prenait un soin particulier de nous soutenir, nous disant souvent : *La volonté de Dieu, mes Sœurs, ne demandons que cela.* Elle craignait que la Communauté ne déplût à Dieu, demandant sa santé sans cette soumission et disposition intérieure. Une Sœur lui disant une fois qu'il fallait avoir une grande générosité pour souffrir tant de maux avec patience : Oui, dit-elle, mais il faut que ce soit une générosité chrétienne qui procède de l'esprit de foi et non de je ne sais quelle générosité humaine qui ne sert guère. Huit ou dix jours avant qu'elle mourût, elle prit un remède extrêmement fort et violent qui la fit souffrir plus qu'il ne se peut exprimer. Une Sœur lui dit : Ma bonne Mère, votre Charité a eu une bonne journée pour donner au bon Dieu. Elle lui répondit avec une ferveur admirable : *Plût à Dieu que tous les jours de ma vie eussent ressemblé à celui-ci !* Une autre fois, croyant n'être entendue de personne, elle dit avec un sentiment de profonde humilité, regardant et serrant son crucifix : « *Mon bon Sauveur, mon bon Maître, je suis une servante inutile, inutile, oui inutile et encore très-indigne.* » Dès qu'elle avait un moment de relâche elle nous le disait avec une tendresse vraiment maternelle : elle aurait voulu nous cacher ses douleurs pour ne nous pas affliger, disant toujours qu'elle se portait un peu mieux ; recevant avec témoignage de joie et bonté les visites que nous lui rendions, et nous eussions voulu toutes passer tous les moments auprès de sa chère personne pour partager ses douleurs, si nous l'eussions pu. Ayant su que quelques Sœurs avaient offert à Dieu leur vie pour elle, elle les en reprit avec fermeté.

C'était un spectacle admirable aux Anges et à toutes créatures de voir cette vénérable Mère qui, approchant plus de sa fin, était dans une gaieté, paix, tranquillité, douceur et égalité si parfaites, qu'il n'est pas possible de l'exprimer. Il semblait à la voir qu'elle n'avait pas de mal, son visage paraissant rajeuni ; et bien qu'elle eût toujours possédé ces dispositions, si est-ce que sur la fin de sa vie elle se surpassait elle-même. Mais ce qui était plus merveilleux, c'est que dans les moments où, accablée de sommeil, elle perdait connaissance l'espace d'un *Ave*, son visage était toujours le même, et au moment où elle revenait, ses yeux, sa bouche et son cœur s'élançaient tout ensemble en Dieu avec une certaine impétuosité qui faisait bien voir qu'elle pouvait dire, comme l'épouse des Cantiques : Je dors, mais mon cœur veille. Le jour de l'Assomption de la sainte Vierge elle fut extrêmement mal ; je m'enquis de ses dispositions présentes, selon la liberté que sa bonté m'avait toujours donnée de le faire ;

elles étaient si admirables que je n'étais pas digne de les entendre, la tendresse de mon cœur ne les pouvant porter. Elle parlait de sa mort sans autre peine que celle que nous en avions, se remettant à nous pour lui faire faire les choses requises quand nous le jugerions à propos, ajoutant qu'elle était toujours prête. Je lui demandai si elle ne voulait rien dire pour Mesdames ses Sœurs qui l'honoraient comme leur Mère. Non, dit-elle, je n'ai plus rien à dire aux créatures, mais j'ai tant à parler à mon Dieu ! La nuit venant au 20e d'août, je lui dis, la voyant fort mal, que M. notre Confesseur était dans la sacristie pour lui apporter le Saint-Sacrement ; qu'il ne serait pas pour viatique, sachant qu'elle serait bien aise de le recevoir plus près de sa fin. Elle me dit avec un esprit présent à toute chose : mais il n'y a pas huit jours que j'ai eu la grâce de communier : il ne faut rien faire de plus pour les Supérieures que pour les autres. Je lui répondis qu'il était vrai, mais que j'étais certaine que si elle en voyait une autre en l'état qu'elle était, elle ne ferait pas de difficulté de lui accorder cette faveur : faites donc, dit-elle, ce qu'il vous plaira.

Je lui demandai, crainte de surprise, si elle agréerait qu'on lui donnât ensuite la sainte onction : O Jésus ! dit-elle, quand on voudra, je suis toute prête. Puis, entrant en des transports vers Dieu, elle pria deux ou trois fois qu'on se hâtât de lui apporter le bien-aimé de son âme, qu'elle reçut avec une dévotion digne de son amour ; ensuite M. notre Confesseur lui donna l'extrême-onction qu'elle reçut toute habillée. Pendant cette sainte cérémonie, elle était si recueillie, qu'elle semblait un séraphin, répondant à tout, préparant elle-même, autant qu'elle le pouvait, les endroits où l'on devait mettre la sainte onction. Son zèle pour tout ce qui nous est marqué, joint à son humilité toujours agissante, ne manqua pas de faire assembler la Communauté, nous disant : Mes chères Sœurs, on a jugé à propos, craignant une surprise, de me faire recevoir la sainte extrême-onction ; n'ayant pu alors satisfaire à mon devoir de vous demander pardon, je le fais maintenant très-humblement et de tout mon cœur ; ce qu'ayant fait, selon nos coutumes, elle ajouta qu'elle nous priait de tout son cœur de n'oublier jamais l'humble simplicité en laquelle elle avait tâché de nous élever dès notre commencement ; qu'elle avait connu visiblement que c'était la voie la plus propre pour attirer les grâces de Dieu sur le général de notre Communauté et sur notre conduite particulière ; que cette simplicité consiste principalement à nous tenir enfermées et encloses dans la pratique exacte de nos Règles et Observances, sans vouloir chercher au dehors d'autres avis ou conseils que ceux qui nous y sont donnés, et que nous trouverons assurément dans les écrits et pratiques de notre Institut, et dans la conduite que Dieu nous donnera par nos Supérieurs ; que nous nous devions garder de la curiosité à vouloir chercher de nouvelles lumières et connaissances, sous prétexte d'une plus grande perfection, laquelle nous ne pourrons jamais trouver qu'en cherchant Dieu dans la simplicité de nos cœurs ; que, si nous le cherchons de la sorte, il nous éclairera et conduira lui-même par des lumières plus pures et plus assurées que toutes celles que nous pourrions prétendre par l'épanchement au dehors ; que Dieu protége merveilleusement les âmes qui ne cherchent que lui, et, quand elles le suivent avec humilité et simplicité, il a pour elles une conduite toute divine et une providence toute amoureuse, par lesquelles il les fait avancer en peu de temps dans la voie droite et parfaite qui conduit au salut.

Cette digne Mère nous recommanda aussi l'obéissance et soumission à toutes les Supérieures qu'il plaira à Dieu d'établir sur nous, ajoutant que nous nous souvinssions toujours de le regarder en elles, et d'y révérer son autorité souveraine, regardant toutes les obéissances comme l'expression de la volonté de Dieu auquel nous obéissons en la personne de nos Supérieures, ce qui doit nous faire recevoir avec un singulier amour et estime tout ce qu'elles nous ordonnent. Elle nous recommanda encore, de toute son affection, de n'avoir pas tant d'égard dans la réception des filles à leurs moyens temporels, qu'à leurs bonnes dispositions intérieures, et que quand nous remarquerions en elles une bonne vocation et la vertu propre à l'esprit de l'Institut, nous ne les rejetions jamais faute de moyens temporels ; elle ajouta que c'est en cela que nous pouvons mieux témoigner à Dieu l'amour que nous devons avoir à l'esprit de pauvreté que nous lui avons vouée ; qu'il n'y a rien qui soit plus indigne des âmes religieuses qui ont tout quitté pour suivre Dieu dans le dégagement de toute chose, que l'anxiété et l'empressement pour les biens et commodités temporelles, et que cette cupidité déplaît infiniment à Dieu, et est souvent cause qu'il éloigne sa protection de nous, nous rendant indignes des soins amoureux qu'il prend des Communautés qui le servent avec un parfait désintéressement et dégagement de toutes les choses créées, et dans une humble confiance et abandon en sa divine Providence.

Notre précieuse Mère avait encore plusieurs choses à nous dire, mais elle ne le put, étant trop travaillée de son oppression. Elle nous demanda fort humblement de beaucoup prier pour elle, afin que Dieu la disposât à faire sa sainte volonté, et qu'il la reçût en sa miséricorde, après cette vie; ce qu'ayant dit, et donné sa bénédiction à la Communauté, qui fondait en larmes, elle se mit à regarder son crucifix avec tant d'amour et d'attention, qu'elle semblait n'être plus de ce monde, demeurant dans une sainte fermeté parmi nos cris et nos pleurs. Le jour de St-Barthélemi, sur les cinq heures du matin, la voyant baisser, on lui apporta le saint viatique qu'elle reçut en présence de la Communauté. Dès qu'elle entendit la clochette, elle se jeta à genoux du mieux qu'elle put, avec l'aide de ses infirmières, malgré ses jambes toutes crevées : elle serait restée en cet état, si M. notre Confesseur ne l'eût contrainte de se mettre en sa chaise, où, après s'être confessée, avoir renouvelé ses vœux et reçu le saint viatique, il lui donna la bénédiction apostolique. C'était une chose tout à fait touchante que de voir cette précieuse mourante toujours prête à partir, attendant le signal de son Maître, tout habillée, son grand voile sur la tête, son crucifix d'une main et son chapelet de l'autre, combattre et soutenir le grand assaut de la mort; mais avec un visage si doux, si riant, si tranquille, qu'elle ne donnait pas moins de dévotion que d'admiration; aussi ceux qui la voyaient étaient tout embaumés de ses rares dispositions, et ne pouvaient s'en taire , comme je ne puis assez les répéter.

C'est ainsi qu'elle employait les jours et les nuits, joignant à ses souffrances la prière, qu'on peut dire avoir été continuelle pendant toute sa maladie ; et si l'effort de ses douleurs lui faisait ouvrir la bouche , ce n'était que pour dire : Mon Sauveur, coupez , brûlez, tranchez, je suis vôtre, ô mon Dieu ! faites de moi votre sainte volonté ; d'autres fois, elle disait : O Providence de mon Dieu ! je vous adore. Providence ! Providence ! faites de moi et de toute créature tout ce qu'il vous plaira dans le temps et l'éternité. Quand elle fermait les yeux, elle parlait toujours à Dieu, et disait les plus belles choses qu'il soit possible d'imaginer ; mais son oppression et un petit bégaiement, qui lui prit quelque temps avant sa mort, nous ont empêché d'en entendre une infinité. Notre Mère eut le bonheur de se réconcilier et communier le jour de Saint-Augustin, Dieu lui ayant fait la grâce de l'y disposer par une furieuse colique néphrétique. Une Sœur lui dit, à ce sujet : Ma Mère, Dieu veut vous purifier par les souffrances et vous faire mériter : vous honorez les siennes par les vôtres. Elle répondit : Mes souffrances sont trop impures, pour honorer celles de mon Dieu ; mais il me fera une grande miséricorde, si je puis payer mes dettes et satisfaire à sa justice. Elle employa le trentième d'août, qui fut la veille de son bienheureux trépas, à faire des actes très-fervents de toutes les vertus, tenant son crucifix en main, auquel elle avait fait attacher une petite image de la sainte Vierge, faisant plusieurs fois amende honorable à Dieu et à sa divine justice avec des actes très-purs de contrition et de soumission, adorant de tout son cœur l'arrêt qu'il plairait à Dieu de prononcer sur elle ; et peut-on dire que ces saintes dispositions, qui l'ont accompagnée toute sa vie, ont redoublé avec sa maladie. Le soir de ce jour, nous reçûmes la calotte de notre bienheureux Père, que nos très-honorées Sœurs de Tours nous envoyèrent avec une très-cordiale et compatissante charité ; nous lui portâmes cette précieuse relique, qu'elle reçut avec une vénération profonde, la baisa et la garda sur son cœur toute la nuit, et dit : *Hélas ! quelle bonté et charité de ces bonnes Sœurs ! faites-leur-en bien mes reconnaissances.* Cette nuit, elle fut un peu plus tranquille. Le matin, sur les huit à neuf heures, elle dit : *Je vois...., ô je vois !.....* comme ne pouvant passer outre. Une Sœur qui était auprès d'elle lui dit : Ma Mère, que voyez-vous ? faites-nous-en part, et la pressa trois ou quatre fois ; mais, revenant de son transport, elle lui dit en souriant : *Ce n'est rien ;* puis, retournant dans le même état que devant, toute hors d'elle-même, elle redit, mais un peu plus bas : *Je vois ! je vois que c'est aujourd'hui que Dieu me comblera de ses libéralités !..* Elle passa cette journée, qui fut la dernière de sa vie, dans ces dispositions saintes et ordinaires ; elle s'abaissait peu à peu, et n'avait plus de sentiment pour toutes les choses extérieures ; mais son esprit était plus présent que jamais à celles de Dieu. Une Sœur lui ayant demandé de nous dire quelque chose, cette chère mourante dit : *Adhérence à Dieu, adhérence à Dieu.* Puis ou l'entendait dire de fois à autre : *Paix dans la Providence ;* d'autres fois : *O vie éternelle !... vie éternelle !...*

Je lui dis : Ma Mère, vous vous acheminez à la vie éternelle, et dans sa lumière vous verrez la lumière. Elle répondit avec ferveur : *Oui, ma Sœur*, et ajouta : *Misericordias Domini in æternum cantabo*. Sur les six heures du soir, elle sembla entrer en agonie. Nous fîmes appeler M. notre Confesseur qui commença la recommandation de l'âme ; mais cette précieuse Mère parut un peu revenir, et il se retira. Elle fit encore des actes très-fervents, se soumettant d'être ainsi jusqu'au jugement, si telle était la volonté de Dieu. Sur les onze heures, on s'aperçut qu'elle baissait sensiblement : on fit rappeler M. notre Confesseur et la Communauté. Elle prononça trois fois *Jesus, Maria*, ajoutant ensuite, fort distinctement, et de tout ce qu'elle avait de force, le *Gloria Patri* en entier ; et disant *amen*, elle perdit la parole et les sens. M. notre Confesseur lui donna encore l'absolution et la bénédiction apostolique, fit la recommandation de l'âme, vers le milieu de laquelle, levant subitement les yeux au ciel, comme pour en invoquer le secours, puis les rabaissant, elle parut surprise comme au rencontre de quelque bel objet, sur lequel arrêtant les yeux avec une attention merveilleuse, pleine de respect et de joie, et comme voulant s'y joindre, son visage semblait lumineux, et devint si beau et si majestueux, que nous croyions qu'elle allait revenir. Elle demeura dans cet état le temps d'un *Miserere*, puis, baissant doucement les yeux, elle rendit l'esprit, sans effort et sans mine, entre onze heures et minuit, le trente-unième d'août de l'année 1663, âgée de soixante ans et dix-huit jours, nous laissant quelque temps dans le doute qu'elle fût morte.

Elle demeura dans cette majestueuse beauté qu'elle avait pendant son agonie, et qu'elle a toujours conservée, la mort n'ayant, ce semble, osé peindre ses traits sur son visage. On ne pouvait se lasser de la regarder ; et lorsqu'elle fut exposée au chœur, beaucoup de personnes de toutes conditions revenaient jusqu'à trois et quatre fois la voir et considérer ; les unes disaient : Voilà une sainte, voyez ce visage. D'autres disaient : Elle n'est pas morte. Enfin d'autres s'écriaient : Oh, qu'il fait bon aimer Dieu ! Nous eûmes peine à nous défendre de donner quelque chose qui lui eût servi ou touché ; et c'est chose merveilleuse que, dès la pointe du jour, on disait par la ville qu'une sainte était morte céans ; et nos Sœurs tourières, allant par les rues, avaient assez à faire pour satisfaire ceux qui leur en parlaient, Dieu lui ayant rendu au moment de sa mort la gloire que les hommes lui avaient voulu ôter durant sa vie, ce qui peut se vérifier par là et par les lettres que nous reçûmes de divers endroits de Pères de Religion, Provinciaux et autres, de toutes conditions, qui l'ont connue, lesquelles sont toutes remplies des marques de la haute estime et opinion qu'ils ont de sa grande vertu et de la gloire qu'elle possède au ciel.

Elle est enterrée dans notre cimetière, la troisième, vis-à-vis la croix, en comptant par le Mont-de-Calvaire. On a mis dans sa bière une lame de plomb, où est écrit son nom, le temps où elle est morte, et quelques-unes des principales vertus qui ont relui en elle.

Dieu nous fasse la grâce d'imiter ses vertus !

DIEU SOIT BÉNI.

ÉCLAIRCISSEMENTS.

(1) Il est probable que ce sont les calomnies dont il est ici
question qui ont trouvé place dans l'histoire de l'Église de
Bérault-Bercastel, et qui ont été reproduites par un histo-
rien plus récent. On y lit en substance que *la Mère de Lâge
adopta les erreurs de l'abbé de Saint-Cyran, mais qu'elle
ne put gagner à son parti aucune religieuse de sa communauté, qui demeura toujours fidèle aux enseignements du
saint Fondateur.*

Cette assertion, en rendant justice à la communauté,
porte avec elle sa réfutation. Comment admettre en effet
que des religieuses, à qui l'on accorde le courage d'avoir
résisté aux pressantes sollicitations et aux pernicieux exemples de leur Supérieure, aient pu cependant lui conserver
assez d'estime pour la réélire jusqu'à six fois, c'est-à-dire
aussi souvent que la règle le permît; et d'ailleurs ces religieuses, si fidèles à leur saint fondateur, où avaient-elles
puisé sa doctrine, sinon dans les enseignements de la Mère
de Lâge, qui fut durant trente ans toujours Supérieure ou
Directrice?

Quant à la source de ces *mauvais bruits* qui se répan-
dirent, dit-on, contre la Mère de Lâge, il semble qu'elle
se trouve tout naturellement dans les rapports qu'elle dut
avoir avec l'abbé de Saint-Cyran, lorsque Monseigneur de
Chateigner de La Roche-Pozay, évêque de Poitiers, procura

l'établissement de ce monastère, dont sa propre sœur, Mlle de Chateigner Dabain, se rendit fondatrice temporelle, et où elle mourut saintement en 1655. Jean Duverger de Hauranne, abbé de Saint-Cyran, alors grand vicaire du diocèse, y jouissait d'une telle réputation de savoir et de vertu que des personnages éminents en sainteté, le père de Condren, saint Vincent-de-Paul, etc., l'honorèrent pendant un assez long temps de leur estime et de leur amitié. Monseigneur de La Roche-Pozay le chargea de prêcher, le jour de l'établissement de cette communauté. Il ne serait pas surprenant que la mère de Lâge, qui en était Supérieure, eût conservé dans la suite quelques relations avec un personnage que sa position même devait lui rendre recommandable. Cependant, comme entre cette fondation et l'arrestation de l'abbé de Saint-Cyran il ne s'écoula guère que quatre années. pendant lesquelles il demeura habituellement à Paris, leurs rapports ne purent être fréquents ; et il paraît bien que l'on n'y attacha pas grande importance, puisque l'on n'en retrouve aucune trace dans l'histoire de la fondation de ce monastère. Mais, en supposant même que l'abbé de Saint-Cyran fût parvenu à surprendre la bonne foi de la Mère de Lâge sur quelques points d'une doctrine qu'il présentait sous les apparences de la plus grande perfection, nous ne craignons pas de dire que cette innocente méprise eût été peu dangereuse pour cette digne Mère, puisque, pour sa conduite et celle de sa communauté, il est avéré qu'elle ne s'attachait qu'à l'exacte observance selon la lettre et selon l'esprit de l'Institut. Elle aimait, estimait et pratiquait uniquement les enseignements de notre saint Fondateur. Enfin elle a laissé dans cette maison un si grand parfum de sainteté, que la bonne odeur s'en est répandue jusqu'à nous, en sorte que rien ne serait capable de l'altérer. L'humilité, la simplicité et la vertu solide qui ressortent du court abrégé de sa vie seraient seules une preuve suffisante de son innocence, et l'on n'aurait pas eu la pensée de la disculper ici sans une note manuscrite que l'on sait être conservée encore dans plusieurs de nos monastères, et que le respect dû à la vérité, autant que la vénération que méritent les vertus des premières Mères et Sœurs de cette maison, oblige à réfuter.

Cette note, écrite évidemment un siècle après la fondation de ce monastère, est tellement remplie d'erreurs de dates et de faits entassés avec désordre qu'il serait aussi long qu'inutile de la discuter en détail; il suffira d'indiquer ici les erreurs fondamentales qui, rendues manifestes, enlèveront à cet écrit toute possibilité de créance.

L'accusation principale est celle-ci : *Dès l'année 1633, le monastère de Poitiers fut gâté de jansénisme par l'abbé de Saint-Cyran, chef des jansénistes en France. Les deux premières supérieures adoptant la nouvelle doctrine, ainsi que toute la communauté, abandonnèrent entièrement toutes nos saintes observances.*

D'abord cette fondation n'a été faite qu'au mois de novembre de cette année 1633, et, sans parler de la contradiction qui se trouve entre cette accusation qui implique toute la communauté, et l'assertion de Bérault-Bercastel qui la justifie, il faut noter en passant que notre bienheureuse Mère de Chantal vécut huit ans après l'établissement de ce monastère, et ne mourut que dix-neuf mois avant l'abbé de Saint-Cyran, qui était détenu depuis plusieurs années. Comment donc allier cette défection scandaleuse où serait tombée la Mère de Lâge avec l'estime, la confiance et l'affection que notre sainte Mère lui témoigna toujours, comme il se voit, tant par les éloges qu'elle lui donna à l'assemblée de Tours, en disant *qu'il n'y avait pas dans l'Institut trois supérieures qui eussent plus l'esprit de notre bienheureux Père que la Mère de Lâge*, que par les lettres ci-jointes , où elle lui communique les choses les plus importantes et les plus secrètes de notre saint ordre, lui en demandant son avis, et où l'on trouve tant de preuves du zèle et de la sollicitude de cette vénérable Mère pour le maintien de l'exacte observance. Au reste , il serait impossible d'exposer ici toutes les preuves matérielles et morales que l'on a de la parfaite régularité qu'elle établit dans cette maison, et qui s'y maintint surtout durant le premier siècle, car elles ressortent évidemment de toutes les pages des chroniques de ce monastère, des vies de toutes les Sœurs et de tous les souvenirs de la tradition.

On cite un passage d'une lettre de la Mère de Lâge à l'abbé de Saint-Cyran, trouvée, dit-on, dans ses papiers lors de son arrestation, où elle lui expose ses difficultés sur ce qu'il lui aurait dit touchant la confession , et qu'elle ne pouvait concilier avec ce qu'elle avait cru jusqu'alors. Ce document, aussi difficile peut-être à démontrer qu'à nier, fût-il véritable, ne prouverait autre chose, sinon que l'abbé de Saint-Cyran, abusant du crédit que lui donnaient sa position et sa réputation *d'homme spirituel,* ainsi que le qualifie la *relation*, semait de tous côtés sa doctrine erronée ; et pour éclaircir le fait en ce qui regarde la vénérable Mère de Lâge, il suffit de se rappeler que Saint-Cyran fut arrêté en 1638, et que son interrogatoire eut lieu à Paris en mai 1639 et eut alors un très-grand retentissement. Est-il possible que si la Mère de Lâge se fût trouvée sérieusement compromise par ses lettres, notre bienheureuse Mère de Chantal n'en eût point été avertie et lui eût conservé son estime jusqu'à écrire à sa louange plus d'un an après, en juin 1640, une lettre où entre autres éloges elle dit qu'elle est *assurée de sa véritable vertu ,* elle l'appelle *un flambeau de bon exemple,* et recommande à la Mère Lescalopier, qui venait d'être élue Supérieure de ce monastère, de se conduire en tout par les *sages avis* de cette digne déposée?

La principale autorité sur laquelle la note semble être appuyée est celle de la très-honorée Mère Marie-Renée Rousseau, Professe d'Orléans, que l'on fait passer à Poitiers en allant à Agen. Après avoir raconté une ridicule cérémonie qui aurait eu lieu lors de son entrée au monastère, on ajoute *qu'elle parla fortement aux deux Mères (A. M. de Lâge et M. S. Lescalopier), leur disant que le tout aboutissait à l'hérésie, qu'elles n'avaient plus rien de l'Institut; mais qu'elle ne put rien gagner sur elles.*

L'erreur ou l'ignorance est ici palpable, puisque le livre du chapitre de notre monastère d'Orléans fait foi que la très-honorée Mère Marie-Renée Rousseau ne fut envoyée à Agen qu'en 1676. Il y avait à cette époque treize ans que N.-S. avait couronné dans le Ciel les mérites de la vénérable Mère de Lâge, et cinq ans que la Mère Lescalopier avait aussi reçu la récompense de ses héroïques vertus. Du reste, il n'est pas même fait mention que la Mère Rousseau ait jamais passé à Poitiers, et il est inutile de dire que pour placer le voyage de 1676 au temps de l'abbé de Saint-Cyran, où la *relation* le fait remonter, il faut nécessairement supprimer trente-trois années.

On dit *que le mal allait toujours croissant, parce que l'évêque soutenait l'abbé de Saint-Cyran.* On reconnaît donc que nos Mères et nos Sœurs furent toujours dociles à leur évêque. Or, il est authentique que ni Mgr de La Roche-Pozay, ni aucun autre évêque de Poitiers n'a jamais été même soupçonné de jansénisme.

On fait ensuite intervenir Mgr de Clérembault, à qui l'on attribue d'avoir rétabli le bon ordre; et, entrant dans le détail, on raconte *qu'il fit la visite du monastère, qu'il ne permit d'élections que de celles qu'il avait converties; qu'il défendit de recevoir des sujets; que les deux mères ne vécurent guère, etc.*

Il est cependant certain que la première élection qui se fit sous l'épiscopat de Mgr de Clérembault fut l'élection de la Mère de Lâge, et la deuxième, celle de la Mère Lescalopier; elles reçurent les vœux de huit ou neuf novices; la Mère de Lâge vécut cinq ans encore et mourut Supérieure, et la Mère Lescalopier vécut douze ou treize ans après l'installation de ce prélat, dont nous n'avons aucune visite régulière. Il est très-important de remarquer ici que Mgr de Clérembault confirma le Père spirituel qui conduisait la communauté depuis huit ans, et qui exerça cette charge huit ou neuf ans encore. Il maintint également le confesseur ordinaire, qui continua à remplir son importante fonction pendant vingt et quelques années.

Quant à une séparation de l'Institut que l'on dit avoir été provoquée par la Mère Hélène-Angélique l'Huilier, Supérieure du premier monastère de Paris, loin d'en avoir aucun indice, nous sommes riches en documents qui établissent à des époques assez rapprochées les relations de ce monastère de Poitiers avec notre saint ordre. On conserve encore des lettres manuscrites qui prouvent la singulière estime que la Mère Marie-Agnès Le Roi, Supérieure du deuxième monastère de Paris, avait pour la Mère de Lâge, et plus tard celle que la Mère Marie-Thérèse Amelot eut pour la Mère Lescalopier, sans qu'il y ait un seul mot ayant rapport aux matières de foi qui préoccupaient si vivement les esprits à cette époque. Et dans quel laps de temps placer cette séparation, que l'on fait commencer du vivant de l'abbé de Saint-Cyran et durer jusqu'en 1664? La Mère l'Huilier ne pouvait prendre aucun droit de correction tant que vécut notre sainte Mère, que Notre-Seigneur appela à lui à la fin de 1641. En cette même année, la bonne

Mère l'Huilier avait été déposée pour n'être réélue qu'en
1644, quinze ou dix-huit mois après la mort de Saint-
Cyran.

La lettre de la Mère Le Roi est de 1646 : c'est une ré-
ponse qui fait foi de la sollicitude de la Mère de Lâge pour
observer les moindres intentions de nos saints Fondateurs.
Cette digne Mère donna 1,500 fr. pour la canonisation de
notre bienheureux Père en 1647, et reçut les lettres-circu-
laires de Mgr Charles-Auguste de Sales en 1646 et 1648.
De 1652 à 1661 nous avons des vies de Sœurs de plus de
cinquante-cinq monastères, et entre autres du premier
d'Annecy et du premier de Paris. Cette communauté donna
aussi sa procure spéciale au Père de Changy, en 1658, pour
la poursuite de la cause de notre bienheureux Père, en
union avec le monastère d'Annecy, ce qu'assurément les
Sœurs d'Annecy n'auraient ni demandé ni même accepté si
la maison de Poitiers eût été dans l'état qu'on suppose. La
Mère de Changy envoya à nos Sœurs, en 1661, sa première
circulaire imprimée, et le Père de Changy leur adressa
aussi sa lettre manuscrite de 1662.

S'il était nécessaire d'ajouter encore aux preuves déjà si
manifestes de la fausseté du *manuscrit* touchant ce monastère, il suffirait de citer le récit inexact en tous points que
l'on fait des événements qui s'y passèrent en 1719. Ainsi
on fait mourir au commencement d'une année une Supérieure qui fut réélue à l'Ascension suivante et vécut encore
près de deux années. Le reste est à l'avenant. Mais ce qu'il
importe surtout de constater ici, c'est que la nécessité où
l'on se trouva d'appeler en 1720 une Supérieure du dehors
n'eut aucun rapport avec le jansénisme ; et c'est le témoignage qu'en rendit notre très-honorée Mère Marie-Made-
leine Moreau, Professe de notre communauté d'Angers, qui
fut élue Supérieure de ce monastère de Poitiers à cette époque.

Elle fut agréablement surprise de trouver la maison en si bon état, et elle s'exprime en ces termes dans la circulaire qu'elle adressa à l'Institut en 1725 : *Je m'étais figurée sur les bruits communs que les matières du temps avaient altéré la paix dans cette communauté ; mais je me suis convaincue par plusieurs expériences que la calomnie en avait imposé, et que, suivant sa coutume, elle avait été libérale à l'excès. C'est une justice que je ne puis m'empêcher de rendre* Et plus bas elle ajoute : *Cette communauté est très-régulière, remplie de l'esprit primitif de notre saint ordre, composée de Filles de mérite qui font la consolation de leur Supérieure, etc.*

On lit aussi dans la vie de notre vertueuse Sœur Anne-Marie Johanne, qui était Assistante à cette époque, qu'elle était très-éloignée de l'esprit de parti qui désolait l'Église, et que la communauté n'en avait jamais été atteinte.

Le reste de la note, qui est sans importance, tombe de soi-même et trouve sa réfutation naturelle dans la vie de la Mère de Lâge. Enfin l'on omet mille autres témoignages que l'on pourrait appeler en faveur des premières Mères et Sœurs de ce monastère pour en produire un seul qui est tout à fait irrécusable. Mgr de Clérembault, prévenu sans doute des calomnies qui s'étaient répandues contre la vénérable Mère de Lâge et voulant s'assurer de la vérité, lui proposa de signer le *Formulaire* qui venait de paraître ; ce qu'elle fit, ainsi que toute la communauté, jusqu'aux novices et Sœurs converses, le 17 septembre 1661. Après la mort de la Mère de Lâge, la Mère Lescalopier lui ayant succédé dans la charge de Supérieure, Monseigneur lui fit la même proposition qu'elle accepta également et signa de nouveau avec toute la communauté, le 20 janvier 1664. Enfin l'année suivante le *Formulaire* ayant été proposé généralement à toutes les communautés, les Sœurs de ce monastère le signèrent pour la troisième fois ; et elles attachèrent toujours tant de prix à cette démonstration de leur foi, qu'elles en firent dans chaque circonstance un acte capitulaire où tous les articles furent exposés et suivis des signatures. Ainsi, tandis que la calomnie poursuit jusque dans la tombe la mémoire vénérée de ces bien-aimées Sœurs, nous bénissons la divine Providence du soin qu'elle a pris de faire parvenir jusqu'à nous, par le livre du Chapitre, la triple protestation de leur fidélité.

Reste à dire un mot d'une assertion assez moderne qui n'a pas une grande importance en elle-même, mais qui semble venir à l'appui des calomnies que l'on vient de réfuter. Mgr de Beauregard, ancien évêque d'Orléans, et précédemment curé de la cathédrale de Poitiers, parle en ces termes du monastère de la Visitation, où il fut incarcéré pendant la révolution de 93 : *J'ai ouï dire que cette maison avait été bâtie aux dépens des jansénistes, sous la direction de M. l'abbé de Saint-Cyran, dont l'abbaye était située en Poitou. Il eut le projet de faire goûter sa théologie aux Filles de la Visitation; la Supérieure le laissa bâtir, puis, éclairée par l'Évêque, elle rompit avec l'abbé de Saint-Cyran. Je ne sais rien sur cela que ce qu'on m'a dit il y a très-longtemps.* Nous avons voulu citer les propres paroles du vénérable prélat, afin que l'on voie combien elles sont loin de pouvoir servir de fondement solide à une accusation d'hérésie. *Il n'assure rien*, seulement il a *ouï dire*, et il y a très-longtemps : *l'abbé de Saint Cyran*, dit-il, *eut le projet de faire goûter sa théologie aux filles de la Visitation.* Il n'y a rien en cela qui nous étonne; nous serions bien plus surprises qu'il n'eût pas eu ce projet; mais d'abord a-t-il tenté de l'exécuter, et ensuite a-t-il réussi? Voilà ce qu'il importait de savoir; or, c'est ce que l'on ne dit pas et ce qu'on ne peut en effet appuyer sur aucune preuve. *La Supérieure le laissa bâtir !* Quand cela serait vrai, qu'est ce qu'il y a

de commun entre laisser bâtir un monastère par un héré-
tique non encore démasqué et adopter son hérésie? D'ailleurs il est absolument faux que Saint-Cyran ait fait bâtir
notre ancien monastère, puisque nos archives sont encore
en possession de pièces authentiques qui prouvent que
l'emplacement même de cette maison ne fut pas acheté du
vivant de l'abbé de Saint-Cyran, et que la première pierre
des bâtiments réguliers ne fut posée que trente-trois ans
après sa mort, par la Mère Fr.-Innocente Gandin, cin-
quième Supérieure de cette communauté. Les travaux, in-
terrompus souvent par défaut de moyens pécuniaires, du-
rèrent vingt-cinq ans. Ainsi il y avait beaucoup plus d'un
demi-siècle que Saint-Cyran avait été jugé selon ses œuvres
quand ce monastère fut achevé.

Nous nous arrêtons ici avec la conscience d'avoir rempli
un devoir de justice et de charité. L'innocence de notre
vénérable Mère de Lâge demeure tellement évidente, que
l'on ne peut voir dans l'épreuve de la calomnie qu'elle eut
à subir, que la réalisation des paroles de N.-S., lorsque, lui
montrant d'énormes croix avant son départ de Bourges, il
lui dit intérieurement : *Ma fille, réjouissez-vous en Dieu,
la Croix vous attend à Poitiers*.

Poitiers.—Imp. de Henri Oudin.